Thomas Zimmermann (Hrsg.)
Die Kunst der Stabsarbeit
Eure Rede aber sei: Ja! Ja! Nein! Nein! Was darüber ist, das
ist vom Übel.

Die Kunst der Stabsarbeit

**Eure Rede aber sei: Ja! Ja! Nein! Nein!
Was darüber ist, das ist vom Übel.**

Thomas Zimmermann (Hrsg.)

2020

EDV-Beratung Zimmermann

Bibliografische Information der Deutschen Nationalbibliothek:
Die Deutsche Nationalbibliothek verzeichnet diese Publikation in der Deutschen Nationalbibliografie; detaillierte bibliografische Daten sind im Internet über `http://dnb.dnb.de` abrufbar.

Herausgeber:	Thomas Zimmermann
	edv-beratung.familiezimmermann.de
Titelbild:	Thomas Zimmermann
	https://openclipart.org/detail/16169/bellows-file
	The Openclipart Sharing License 1.0

©2020
Herstellung und Verlag: BoD – Books on Demand, Norderstedt

ISBN: 978-3-945861-36-6

Printed in Germany

Vorwort

In zahlreichen Stabsverwendungen – sei es als Referent im Leitungsbereich, als Referatsleiter oder als Unterabteilungsleiter – musste ich feststellen, dass der Umgang mit der deutschen Sprache und die Arbeit im Stab schlechter wird. Mut für kurze prägnante Sätze und klare Ansprache von Defiziten aber auch das Gespür für die angemessene Beteiligung Dritter nehmen ab.

Damit gewinnt der Aspekt der Ausbildung durch die Vorgesetzten zunehmend an Bedeutung. Auf der Suche nach griffigen Beispielen habe ich festgestellt, dass das Ringen um den treffenden Ausdruck und das zweckmäßige Miteinander auch das Militär seit Jahrhunderten beschäftigen.

Schließlich reifte der Gedanke diese Beispiele zusammenzufassen, als Buch zu veröffentlichen und den Soldaten meines Verantwortungsbereiches mit auf den Weg zu geben: als Erinnerung an die gemeinsame Zeit im Stab, aber auch als Mahnung, das erworbene Wissen weiterzutragen.

Thomas Zimmermann, Berlin im Juli 2020

Inhaltsverzeichnis

1 Friedrich II. – 1774
Kabinettsorder, Randnotizen

Kabinettsorder an den Minister von Görne

Hiernechst erinnere Euch nochmahlen, in Euren Berichten nicht so abscheulich weitläufig zu seyn, sondern gleich ad rem zu kommen, und nicht 100 Wörter zu einer Sache zu gebrauchen, die mit 2 Wörtern gesagt werden kann.

Randverfügung auf einem Bericht der Akzis- und Zolldirektion

Dieses verstehe ich gar nicht ich bitte um Deutlichen Bericht dan in dunkeln Sachen verstee ich armer Teufel nicht. Deutlich, Deutlich.

2 Carl von Clausewitz – 1827
Vom Kriege

Das Wissen muss ein Können werden.

Nur wer mit geringen Mitteln Großes tut, hat es glücklich getroffen.

3 Hans von Seeckt – 1925
Hufnagelerlass

Der Geschäftsgang innerhalb der Heeresleitung fängt an, mir schleppend und zeitraubend zu werden.

Sogar von mir durch mündliche Mitteilung und schriftliche Randverfügung getroffene Entscheidungen benötigen Tage, bevor sie mir ausgefertigt vorgelegt sind, Wochen oft, ehe sie den Bestimmungsort erreicht haben; an mich gerichtete Gesuche werden wiederholt, weil sie nach längerer Zeit noch nicht beantwortet sind.

Ich schiebe diese Verzögerungen gewiß nicht auf einen Mangel an Fleiß, sondern im Gegenteil auf ein Überhandnehmen bürokratischer Sitten. Wir fangen an, den Vorteil des Zusammenlebens und Zusammenwohnens gegenüber der Vielheit der selbständigen Central- oder Immediatstellen vor dem Kriege zu verlieren. Ich fürchte, dass sich statt des Schriftverkehrs von Haus zu Haus jetzt einer von Zimmer zu Zimmer entwickelt.

Vor allem fürchte ich eine Ressorteitelkeit, die verlangt, zu allem und jedem gehört zu werden und nicht zulässt, dass mir die neue Form eines Hufnagels vorgeschlagen wird, ehe nicht T1, 2, 3, 4, A.A., WA, JWG in 1-7, Rechtsabteilung und Fricke ihr schriftliches Votum abgegeben haben und Meinungsverschiedenheiten durch eine Besprechung der Referenzen ausgeglichen sind. Ich fürchte aber noch mehr, dass über diesen Hufnagel sowohl von Seiten der Abteilungen wie Inspektionen einzeln alle Truppenteile befragt worden sind. Wenn mir dann der Hufnagel mit allseitiger Zustimmung von der allein maßgebenden VetInsp vorgelegt wird, dann sind entweder 100 Pferde inzwischen unnötig lahm geworden oder es bleibt bei dem bewährten alten Hufnagel und Ministerium und Truppe haben umsonst gearbeitet.

Ich ersuche alle Stellen der Heeresleitung, diesen Hufnagel als Symbol aufzufassen und mir zu helfen, dass uns eine bürokratische Schwerfälligkeit fern bleibt, die sich mit dem Soldatenstand nicht verträgt.

4 Otto Wöhler – 1943
Stabsbefehl

Ich dulde in meinem Stabe keinen Amtsschimmel.

Leider bin ich heute einem ausgewachsenen, fettprallen begegnet. Er sagte aus: »Am 4.1. bin ich mit OKH-Verfügung hier eingetroffen. Erst am 18.1. setzte man mich mit dem Entwurf einer diesbezüglichen Heeresgruppen-Verfügung zwecks Mitzeichnung zu fünf Abteilungen des Hauses in Marsch. Da ich ein Feind des Hastens bin, war ich heute (am 28.1.) mit dem Rundgang noch nicht fertig.«

Dieser Amtsschimmel lebt nicht mehr! Sollte mir ein neuer in die Quere kommen, so trifft die volle Verantwortung den, der ihn in Dienst genommen hat.

5 Hans Röttiger – 1957
Kommandeurbrief Nr. 3

Der Schriftverkehr überlastet heute den Truppenführer und hält ihn zu häufig vom praktischen Dienst ab. Erfahrene Sachbearbeiter in Stäben vermindern diesen Schriftverkehr, unerfahrene vermehren ihn.

Unerfahrene Sachbearbeiter glauben ständig, ihre Existenzberechtigung nachweisen zu müssen, aber je schwieriger ein Problem sich darstellt, desto stärker. wird ihre Hilflosigkeit. Aus dieser Situation des Nichtweiterkommens suchen sie meist den falschen Ausweg: Der Kommandeur wird mit unnötigen Fragen, die Truppe mit überflüssigen Terminen belästigt.

Erfahrene Sachbearbeiter belästigen den Kommandeur nicht mit Einzelheiten. Sie legen abgeschlossene Vorlagen, die von allen Beteiligten mitgeprüft oder gebilligt sind, vor. Diese Vorlagen enthalten

a) Übereinstimmung des Geschriebenen mit der Wirklichkeit,

b) Konzentration auf das Wesentliche,

c) Logik in der Gedankenführung,

d) Eindeutigkeit in der Formulierung,

e) Möglichst wenige und zeitlich erfüllbare Termine.

Gute Sachbearbeiter bewahren den Kommandeur vor halbfertigen Ideen, umfangreichen Schriftstücken und übereilten mündlichen Vorträgen. Sie arbeiten rationell.

Rationelle Arbeit in Stäben setzt voraus:

1. Der Kommandeur muß die Arbeitsteilung im Stab eindeutig festlegen und klare Aufträge erteilen.

2. Der Kommandeur soll sich von seinen Sachbearbeitern beraten, aber nur wenig befragen lassen.

3. Der Kommandeur muß seine Sachbearbeiter dazu erziehen, Schriftsätze einfach, kurz und verständlich zu fassen.

4. Die Sachbearbeiter arbeiten den Schriftverkehr auf und geben der unterstellten Dienststelle nur das unbedingt Wissenswerte weiter.

5. Was sich mündlich oder telefonisch erledigen läßt, soll den Schriftverkehr nicht belasten.

6. Koordination mit den am jeweiligen Problem interessierten Stellen ist nötig. Übertriebene Koordination führt aber zu Unergiebigkeit.

6 Adolf Heusinger – 1958
Gutes Deutsch in Schrift und Wort

1. In Berichten und Erlassen, die mir vorgelegt werden, muß ich immer wieder einen unschönen und schwer verständlichen Stil feststellen. Solche Schriftstücke zu lesen, ist unerquicklich und wird manchmal zur Qual.

2. Der schwierigen Wahl des treffenden Ausdrucks wird häufig ausgewichen. Unnötige lange Formulierungen, die ledern, aufgebläht oder gekünstelt wirken, werden bevorzugt. Sprachlich ebenso schlecht sind substantivierte Begriffe. Sie werden gern benutzt, um sich möglichst kurz zu fassen. Doch darf das berechtigte Streben nach Kürze die Klarheit des Ausdrucks nicht beeinträchtigen. Ein nur wenig längerer Verbalsatz trifft den Sinn der Sache meist genauer als ein mit Substantiven angehäufter Satz. Wer auf die Wahl des Ausdrucks Zeit und Mühe verwendet, erspart beides seinen Lesern.

3. Eine klare ausgewogene Sprache verlangt geistige Disziplin und Sorgfalt. Der Soldat bedarf einer zuchtvollen Sprache aus gewichtigen Gründen: Nur unmißverständliche Befehle und Anordnungen bewirken Gehorsam und erhalten die Schlagkraft der Truppe. Nur klare Meldungen und Berichte ergeben brauchbare Unterlagen für Urteil und Entschluß der Führung. Unnötige Worte mindern die Ausdruckskraft, ungenaue Worte verschleiern die Wahrheit, übertreibende Worte gefährden das Vertrauen.

4. Die Schriftsprache beeinflußt in hohem Maße das gesprochene Wort – im soldatischen Leben nicht anders wie überall in der Welt. Wer mit der Feder umzugehen hat, soll dies bedenken; er muß sich die Folgen sprachlicher Nachlässigkeit vor Augen stellen. In Rede und Schrift soll der Of-

fizier seine Worte wägen. In seiner Sprache enthüllt der Mensch sein inneres Wesen; durch seine Sprache wirkt er auf andere. Die Art, in der ein Vorgesetzter seine Worte wählt, kennzeichnet seine Erziehung, sie beeinflußt zugleich seine Untergebenen im Gebrauch ihrer Worte.

5. Bedeutende deutsche Soldaten wie Moltke, Seeckt und Beck haben die Sprache ihrer Zeit in einem Stil gepflegt, der in seiner Klarheit und Natürlichkeit die Zucht ihrer Gedanken widerspiegelt. Auch aus mancher früheren Dienstvorschrift spricht lebendiges Sprachgefühl und sprachliche Sorgfalt. Mit gleicher Selbstzucht gilt es für den heutigen Offizier, die Sprache unserer Zeit im ständigen Bemühen zu pflegen. Das bedeutet nicht, einen besonderen Stil entwickeln zu wollen. Es kommt vielmehr darauf an, sich für jedermann verständlich auszudrücken, und den Reichtum unserer Sprache zu nutzen.

6. Ich mache jedem Offizier zur Pflicht, bei sich und seinen Untergebenen den Sinn für gutes Deutsch zu wecken und im täglichen Umgang zu stärken. An allen militärischen Bildungsstätten der Bundeswehr bitte ich, sorgfältig zu einem guten mündlichen und schriftlichen Ausdruck zu erziehen.
Von meinen Mitarbeitern in den Führungsstäben und von den Offizieren in den Kommandostellen erwarte ich, daß sie sich um eine gute Sprache beispielhaft bemühen.

Anlage: Sonderdruck aus »Information für die Truppe«, Heft 4/1957

Deutsche Sprache zwischen Amtsschimmel und Groschenroman

Unsere Muttersprache ist ständig in Gefahr, entweder zum Kanzleideutsch oder zum Journalistendeutsch zu entarten. Damit sollen weder die Beamten noch die Journalisten angegriffen werden. In vielen Behörden wird heute ein vorzüglicher Stil geschrieben, und auch die Mehrzahl der deutschen Zeitungen bemüht sich um eine gepflegte Sprache.

Was ist Kanzleideutsch?

Eine »berühmte« Begriffsbestimmung des ehemaligen Reichsgerichts lautet:

> Eine Eisenbahn ist ein Unternehmen, gerichtet auf wiederholte Fortbewegung von Personen oder Sachen über nicht ganz unbedeutende Raumstrecken auf metallener Grundlage, welche durch ihre Konsistenz, Konstruktion und Glätte den Transport großer Gewichtsmassen beziehungsweise die Erzielung einer verhältnismäßig bedeutenden Schnelligkeit der Transportbewegung zu ermöglichen bestimmt ist, und durch diese Eigenart in Verbindung mit den außerdem zur Erzeugung der Transportbewegung benutzten Naturkräfte – Dampf, Elektrizität, tierische oder menschliche Muskeltätigkeit, bei geneigter Ebene der Bahn auch schon durch die eigene Schwere der Transportgefäße und deren Ladung usw. – bei dem Betriebe des Unternehmens auf derselben eine verhältnismäßig gewaltige, je nach den Umständen nur bezweckter weise nützliche oder auch Menschenleben vernichtende und menschliche Gesundheit verletzende Wirkung zu erzeugen fähig ist.

In diesem Bandwurmsatz haben wir alle Bestandteile des Kanzleistils beisammen:

Die Langatmigkeit,

die »Verschachtelung« mehrerer Haupt- und Nebensätze,

viele Wörter auf -ung,

den Versuch, alle Seiten des Gegenstandes in einem einzigen Satz zu erfassen.

Das Ergebnis ist ein Satzungetüm, das man dreimal durchlesen muß, – wenn man es nicht bereits nach dem ersten Mal ärgerlich aufgibt.

Der lateinische Schnürstiefel

Das Kanzleideutsch hat höchst interessante geschichtliche Wurzeln. Bis tief ins 18. Jahrhundert wurde in den Kanzleien der Fürstenhöfe (andere Behörden gab es damals fast nicht) lateinisch geschrieben. Viele Jahrhunderte lang hatte nämlich der Klerus die Mehrzahl der Gebildeten gestellt. Auch die Fürsten bedienten sich bei der Verwaltung ihrer Gebiete häufig dieser klugen und geschulten Kräfte. Die Kleriker brachten dann die Kirchensprache, das Latein, mit in die fürstlichen Kanzleien. Lange Zeit war so die Amtssprache in Europa lateinisch. Nun eignet sich das Latein wegen seiner grammatischen Struktur vorzüglich zur »Verschachtelung« der Sätze. Diese galt im klassischen Latein sogar als besonders elegant, und gerade die besten römischen Schriftsteller haben das Kunstmittel der verwickelten Satzkonstruktion sehr weit getrieben. Daran erinnert sich mancher mit Schrecken, der auf dem Gymnasium Tacitus, Cicero oder Horaz zu »konstruieren« hatte.

Auch die französische Sprache, die lange Zeit die Kultur der gebildeten Schichten in Deutschland bestimmte, eignet sich gut zur Schachtelmethode. Diese Fähigkeit verdanken die romanischen Sprachen (im gewissen Umfang auch das Englische) vor allem der »Partizipial-Konstruktion«.

Durch das sogenannte Partizip wurde gewissermaßen ein Nebensatz in ein einziges Wort zusammengezogen. Man kann also z.B. sagen »Aus dem Fenster sehend erkannte ich meinen Freund Georg«, oder »hinausgeschickt ging er rasch die Treppe hinunter«. Im Deutschen müssen wir dazu einen Nebensatz bilden. Da sich aber nur eine begrenzte Zahl von Nebensätzen hintereinanderschalten läßt, kann in einen deutschen Satz nicht so viel hineingestopft werden wie in einen lateinischen, französischen oder englischen. Das ist eines der Hauptkennzeichen der deutschen Sprache. Ein deutscher Satz darf nicht zu lang sein, wenn er nicht unlebendig werden soll; man darf nicht zu viel in ihn hineinstopfen.

Das begriffen die Kanzleischreiber früherer Zeiten nicht, als sie nach und nach zur deutschen Sprache übergingen (und viele ihrer Nachfolger haben es bis heute nicht begriffen). Sie schrieben deutsch, so wie sie vordem lateinisch geschrieben hatten.

Überbleibsel der Partizipial-Konstruktion finden wir noch häufig in Wendungen wie

»die anfallenden Aufgaben«,

»die gemachte Erfahrung«,

»die stattgefundene Besprechung«,

»die getroffene Entscheidung«.

Für unser heutiges Sprachgefühl ist das Partizip in diesen Fällen unangebracht und zudem überflüssig. Weglassen!

Sprachrohr erhabener Mächte

Aber diese Einschnürung der deutschen Sprache in lateinische Satzformen ist nur die eine Seite des Kanzleistils. Die andere Seite ist gewissermaßen machtpsychologischer Art. Es ist ein Unterschied, ob einer schreibt:

»Ich ordne hiermit an ... «

oder

»Es wird hiermit angeordnet ... «

Die erste Form ist die Ausdrucksweise des Befehlenden, der Befugnisse hat, aber auch Verantwortung trägt. Die zweite Form bezeichnet den Stil dessen, der im Namen einer Macht spricht, der sich gewissermaßen hinter ihrem Rücken versteckt, ihre Befugnisse zwar ausübt, die Verantwortung jedoch nicht trägt. Das ist die Sprache des Funktionärs, des Bürokraten. Er verspürt ein geheimes Behagen dabei, sich zum scheinbar unbedeutenden, tatsächlich jedoch sehr einflußreichen Sprachrohr der Macht zu machen. Das geheimnisvoll-unpersönliche »Es« der Anordnung rückt den Träger der Macht in unerreichbare Ferne. Das ist der Stil der »Obrigkeit«, der Stil, der unbewußt auf Einschüchterung berechnet ist und schweigenden Gehorsam erzwingen will.

Schnörkel und eingefrorene Zeitwörter

Zum Thema »Kanzleideutsch« gehören auch die aufgeblähten, gravitätischen Schnörkel, mit denen mancher seinem Stil eine gewisse steife Würde zu geben meint, während er sich in Wahrheit lächerlich macht. Hierzu gehört die deutsche Sucht, alle Zeitwörter in Substantiven »einzufrieren«.

Man sagt nicht ...	... sondern ...
die Abstempelung der Briefe erfolgt	werden abgestempelt
in Bearbeitung nehmen	bearbeiten
zur Anwendung kommen	anwenden
zur Auszahlung bringen	auszahlen
zur Durchführung gelangen	durchführen
sich ins Benehmen setzten	verhandeln, besprechen, sich verständigen
Zustimmung erteilen	zustimmen
Genehmigung erteilen	genehmigen
unter Beweis stellen	beweisen
Zur Erledigung bringen	erledigen, fertigstellen
zur Kenntnis geben	bekannt geben
die Bestimmung kommt in Fortfall	fällt weg
von einer Prüfung Abstand nehmen	nicht prüfen
in Erwägung ziehen	erwägen
in Wegfall kommen	wegfallen
zur Lösung führen	lösen
die Außerachtlassung dieser Bestimmungen	wer diese Bestimmungen nicht beachtet/(befolgt)
seit Inangriffnahme	seit Beginn
im Schadensfalle	bei Schaden
Inkraftsetzung	ist in Kraft gesetzt worden

beinhalten	enthalten
erstellen	anfertigen, bereitstellen, bereithalten
werden Soldaten hinsichtlich ihrer Bezüge schlechter gestellt	in ihren Bezügen
hat Verwendung gefunden	ist verwendet worden
ist Voraussetzung für	setzt voraus
unter Heranziehung fremder Kräfte	wobei fremde Kräfte herangezogen wurden
wegen Außerachtlassung der Warnung	denn die Warnung hatte er nicht beachtet
trotz Hintansetzung persönlicher Vorteile	obwohl er auf seinen Vorteil keine Rücksicht nahm

Es gibt kein sicheres Mittel, den letzten Rest von Leben in einem Satz totzuschlagen, als diese »Einfrierung« der Zeitwörter. Die deutsche Sprache neigt ohnehin zu einer gewissen Starre. Wer ein lebendiges Deutsch schreiben will, muß also auf die Zeitwörter besondere Mühe verwenden – das heißt allerdings: auf volle Zeitwörter, nicht auf die saft- und kraftlosen Hilfsverben »ist«, »hat«, »wird«. Man trifft gelegentlich Meisterleistungen deutschen Bürostils, in denen auf vielen Seiten außer »sein«, »haben« und »werden« kein einziges Zeitwort verwendet wurde. Auch »machen«, »erfolgen«, »es gibt« gehören zu diesen toten Verben (z.B. »gibt Veranlassung« ...).

Das Gegenteil ist nicht besser

Man kann alle Untugenden des Kanzleistils vermeiden und doch ein miserables Deutsch schreiben. Das Gegenteil des Kanzleistils ist nämlich nicht minder abscheulich. Wir wollen dieses Gegenteil einfach »Journalistendeutsch« nennen, obwohl es nichts weiter ist als eine allgemeine Sprachverwahrlosung, an der die Zeitungen nicht allein schuld sind, wenigstens diejenigen unter ihnen nicht, die etwas auf ihre Sprache halten.

Die Hauptschuldigen der heutigen »Sprachverschluderung« sind vielmehr – nicht nur in Deutschland – die Erzeuger jener Sorte von Lesestoff, die auf die niedrigste Intelligenz- und Bildungsschicht zugeschnitten ist, also die Groschen-romane, die billigen Illustrierten und die Sensationspresse. Diese Art Literatur geht den Weg des geringsten Widerstandes: Sie schreibt, was »die Leute« lesen wollen, und schreibt es so, daß sie ihren Kopf nicht anzustrengen brauchen. Ihr Stil ist demnach der Alltags-Plauderstil, ihr Wortschatz beschränkt auf die Umgangssprache der geistig Anspruchslosesten.

In diesen Produkten finden wir nun allerdings keine Kanzlisten-Schachtelsätze, ja überhaupt kaum Nebensätze. Die Aussage ist auf einen schlichten Holzhacker-stil zurückentwickelt, in dem Hauptsatz nach Hauptsatz wie ein Axthieb nie-dersaust. Feinere Nuancen, wie sie erst das sorgfältig ausgewogene Gleichge-wicht zwischen verschiedenen Satzteilen ermöglicht, die einander unter- oder übergeordnet sind, können mit diesem Stil nicht ausgedrückt werden – und sind natürlich auch gar nicht beabsichtigt.

Die Herrschaft des Schlagwortes und des Modewortes

Unter »Schlagwort« verstehen wir eine Redewendung, durch die bestimmte feste Vorstellungsbilder ausgelöst werden. Schlagworte haben wohl zu allen Zei-ten eine Rolle gespielt. Seit jedoch die Massenpresse für ihre Verbreitung sorgt, wächst ihr Einfluß ins Bedenkliche. Bei vielen einfachen Menschen bilden sie heute den Grundstock des geistigen Besitzes, d.h. sowohl ihres Sprachschatzes als auch ihrer Vorstellungswelt. Aber auch der Gebildete steht heute immer-fort in der Abwehr gegen die Schlagworte, die unsere ganze geistige Welt zu überschwemmen drohen. Der Schrittmacher des Schlagwortes ist das Mode-wort. Modewörter gehören zum Verbrauchsmaterial der Sprache. Sie verschlei-ßen rasch, beherrschen aber in der Zeit ihrer Blüte unzählige Köpfe – wie Kar-nevalsschlager, die eine Zeitlang von allen Dächern gepfiffen werden, die man aber nach wenigen Wochen nicht mehr hören kann. Einige derzeit beliebte Mo-dewörter sind z.B.:

absolut, prima, relativ, restlos, hundertprozentig, einmalig, zwangs-läufig, hemmungslos, verheerend, fabelhaft, ganz groß, untragbar.

Besonders verbreitet haben sich auch gewisse Wortverbindungen, die zu Mode-klischees geworden sind, wie z.B.:

die vollendete Tatsache, die dunkle Ahnung, die unausbleibliche Folge, der integrierende Bestandteil, die unabdingbare Forderung, das konträre Gegenteil, das echte Gespräch, der wahre Glaube.

Diese Klischees sind schon in der Umgangssprache kaum mehr anzuhören; in der Schriftsprache sind sie – »einfach verheerend«. Man kann sein Bildungsniveau und sein Verhältnis zu unserer Muttersprache nicht deutlicher zur Schau stellen als durch möglichst häufige Verwendung dieser stumpfsinnigen Schablonen. Die Sprache eines Menschen sagt mehr über ihn aus als sich die meisten klarmachen.

Folgende Bücher und Zeitschriften helfen bei der Spracherziehung:

Ludwig Reiners: Der sichere Weg zum guten Deutsch, C. H. Beck Verlag, München 1951	DM	9,80
Franz Dornseiff: Der deutsche Wortschatz nach Sachgruppen, Walter de Gruyter & Co., Berlin 1957	DM	32,00
Hugo Wehrle: Deutscher Wortschatz, Klett, Stuttgart	DM	19,60
Gustav Wustmann: Sprachdummheiten, Walter de Gruyter & Co., Berlin 1955	DM	9,80
W. Hofstaetter: Deutsche Sprachlehre, Walter de Gruyter & Co., Berlin 1953	DM	2,40
W. E. Süskind : Vom ABC zum Sprachkunstwerk, Deutsche Verlagsanstalt Stuttgart	DM	9,60
Zeitschrift der Gesellschaft für deutsche Sprache: Der Sprachdienst, Heiland-Verlag Lüneburg mon.	DM	0,50

Die Gesellschaft für Deutsche Sprache berät einzelne Interessenten, Verbände und Behörden. Militärische Dienststellen haben sich schon früher gern und mit Nutzen ihres Rates bedient.

7 Ulrich de Maizière – 1964
Forderungen an den Offizier im Generalstabs-/Admiralstabsdienst

Auf der Grundlage charakterlicher Lauterkeit, solider Fachkenntnisse und breiter Bildung, verlange ich von einem Generalstabsoffizier:

Fleiß und Genauigkeit im kleinen,
ohne den Blick für den großen Rahmen zu vergessen.

Generelles, vielseitiges und breites Denken,
ohne die Bedeutung des Details zu verkennen.

Schöpferisches, einfallsreiches und dynamisches Denken,
ohne den Zusammenhang mit der Realität zu verlieren.

Drängen zum Handeln und zur Entscheidung,
ohne ungeduldig zu sein oder gar vorschnell zu reagieren.

Verständnis und Herz für die Truppe,
ohne der oft notwendigen Härte der Entscheidung auszuweichen.

Bescheidenes und selbstloses Zurückstellen der eigenen Person hinter, die Sache und unter den Befehlshaber,
ohne auf innere Sicherheit und soldatische Bestimmtheit zu verzichten.

8 Dr. Adolf Hempel – 1968
Kommandeurbrief Nr. 1/68

Nach Verwendungen in den verschiedensten Dienststellungen in der Luftwaffe bedrückt es mich auch jetzt wieder, feststellen zu müssen, daß ein offenes, ehrliches Wort nicht gerne gehört wird. Auch Offiziere sind blind für vielerlei Tatsachen geworden, die ihren Vorstellungen, Empfindungen und Idealen nicht entsprechen und unbequem sind. Pflicht eines jeden ist es aber, taktvoll und unumwunden nach oben und nach unten zu sagen, was Gewissen und Wissen ihm mitzuteilen gebieten. Nur völlige Offenheit, die keine Gefühle scheut, wird mithelfen, die Offizier-Korps der mir unterstellten Schulen und Verbände zu formen.

Der Offizier muß sich aber davor hüten, Indiskretionen zu begehen. Aus purer Schwatzhaftigkeit oder aus Geltungsdrang werden vielfach wahllos Geheimnisse, wichtige und unwichtige, ausgeplaudert. Das muß aufhören.

In meinem Befehlsbereich will ich militärische Führer mit Rückgrat haben, die in Wahrheitsliebe und mit Zivilcourage ihre Meinung äußern. Nur dann wird das von mir so sehr erwünschte Vertrauensverhältnis hergestellt, in dem Befehl und Gehorsam wirksam werden können.

Dieser Wunsch ist jedoch keine Aufforderung zu hemmungsloser Kritik und falsch verstandener Besserwisserei.

Leider haben in unserer Zeit nur noch wenige Menschen den Mut und die Fähigkeit zu einem klaren Ja oder Nein. Scheu vor der Verantwortung und Furcht vor den Folgen eines Entschlusses sind in der Regel schuld daran, daß keine Entscheidungen getroffen werden. Mutloses und bequemes Zuwarten verschlimmern aber meist das Übel.

Ich verlange daher von den mir unterstellten Offizieren Offenheit, Entschluß-
freude, Gerechtigkeit – kurzum <u>Charakterstärke und den Willen zur Tat</u>.

9 Bundesanzeiger – 1988
Das ministerielle Bedenken

Fünf schwer lesbare Thesen

Von Peter Bowler, z. Zt. Lehrbeauftragter an der Universität Coimbra

Strukturanalysen kritisieren den Gang der ministeriellen Entscheidung als lang-sam. Das dürfte den Kern nicht treffen. Denn gut Ding will Weile haben. Und liefen die ministeriellen Entscheidungen nicht auf etwas anderes hinaus denn auf »gut Ding«? So ist es! Die Abläufe, von denen wir handeln, sind ja nichts anderes als Schritte auf dem Weg ins Bundesgesetzblatt, sind ein Voranrücken der Zahnräder der Gesetzgebungsmaschine, sind silberne Bäche, die sich in die erwärmten Buchten der großen Normenflut ergießen. Wahr bleiben muss die Einsicht der Alten, dass der Gesetzgeber, wenn er schon etwas sagen will, er et-was Großes zu sagen gedenkt. Wer kann Großes sagen, wenn er Eile verspürt? Niemand, auch der Gesetzgeber nicht.

Ziel des ministeriellen Entscheidungsprozesses ist es, ein gestelltes oder sich stel-lendes Problem – es sei welcher Natur es wolle – unter Berücksichtigung mög-lichst aller einschlägigen Gesichtspunkte zu erörtern und zu prüfen, um am En-de eine Entscheidung darüber herbeizuführen, ob und wie es alsdann und bis wann gelöst werden könnte oder sollte oder ob von einer Lösung abzusehen oder diese besser für den gegenwärtigen Zeitpunkt hintanzustellen sei. Zu der Betrachtung aller hier gemeinten einschlägigen Gesichtspunkte ist die Ministe-rialbürokratie berufen. Ihr obliegt die Beleuchtung des Problems aus allen in Betracht kommenden Blickwinkeln und Gesichtspunkten. Erst die ministeriel-le Durchdringung ergibt das wahre Bild des Problems.

Das Mittel, dessen sich die Ministerialbürokratie bei ihrer Durchdringung des Problems bedient, ist der Vermerk, der Vortrag sowie die Rücksprache. In Vermerk und Vortrag legt der Beamte seine Sicht des Problems dar, während die Rücksprache dem Vorgesetzten des Beamten Gelegenheit gibt, sich im Monolog oder Dialog mit dem Beamten zu dessen Bemerkungen zu äußern. Bei allen drei Hervorbringungen des ministeriellen Prozesses geht es um dieselbe Sache: Es geht darum, dass der Beamte durch Vermerk oder Vortrag respektive der Vorgesetzte durch die Rücksprache Bedenken zum Ausdruck bringt. Die zentrale Bedeutung des Bedenkens ergibt sich aus dem Gesagten von selbst. Es erstaunt, dass die Verwaltungswissenschaft bis heute einen eindeutigen Begriff des ministeriellen Bedenkens nicht entwickelt hat. Auch die neuerdings mit vielen berechtigten Hoffnungen von Sachkennern ins Leben gerufene Gesetzgebungswissenschaft hat sich einer durch Sein/Sollens-Vergleiche abgesicherten Theorie des ministeriellen Bedenkens bislang verweigert. Es bedarf daher eines hiermit gegebenen Anstoßes, damit Rechtstatsachenkunde, Wissenschaft und Praxis sich mit dieser zentralen Kategorie des Verwaltungshandelns auseinandersetzen. Nachdem es der Rechtstatsachenforschung neuerdings gelungen ist, den Begriff »Rechtspolitik« in die Bestandteile »Recht« und »Politik« zu zerlegen, ist Optimismus nicht fehl am Platze. Angesichts der Einsicht, wissenschaftliches Neuland zu betreten, haben die nachfolgenden keineswegs vollständigen fünf Thesen notwendig vorläufigen Charakter. Sie sind für Gegenvorstellungen grundsätzlich offen.

Unsere erste These laute:

Ministerielle Bedenken sind grundsätzlich Einwände, Mahnungen, Warnungen, Gegenvorstellungen, Erinnerungen, Ausführungen, Darlegungen, Bemerkungen oder Hinweise, in denen der ministerielle Bedenken erhebende Ministerialbeamte aus seiner in der Breite begrenzten, gleichwohl nicht unerheblich in die Tiefe schürfenden Sicht der seiner Zuständigkeit anvertrauten Dinge ein ihm vorgetragenes Problem sachlicher oder rechtlicher Natur kommentiert, wobei er zum Ausdruck bringt, ob jedenfalls nach seinem Eindruck das ihm unterbreitete Problem sehr wahrscheinlich entweder lösbar oder nicht lösbar sei, vielleicht auch besser nicht gelöst werde, auch nicht sogleich, jedenfalls nicht hier und auch nicht jetzt und wenn, dann nur dann, wenn gewisse außerhalb der eigenen Zuständigkeit liegende oder gegenwärtig nicht übersehbare Ereignisse einträten oder als eintretend anzunehmen jedenfalls nicht außer Lebenserfahrung und Wahrscheinlichkeit läge und daher alles noch einmal bedacht werden müsse oder ob nicht das genaue Gegenteil von all dem für richtig zu erachten sei.

Von dieser ersten These aus können wir, sofern aus dem Leserkreis keine Einwendungen kommen, auf eine zweite These hinarbeiten.

Unsere zweite These laute:

Jedes Problem ist nicht ungeeignet, ministerielle Bedenken zu erregen. Ministerielle Bedenken bestehen im Grunde eigentlich wohl nicht selten immer.

Was könnte das heißen? Es wird heißen können, dass es kaum eine Problematik gibt, die nicht geeignet wäre, ministerielle Bedenken zu erregen. Auch da und gerade da, wo der Ministerialbeamte im Vorstadium seiner Überlegungen glaubt, keine ministeriellen Bedenken haben zu brauchen, sind solche am Platz. Dies dürfte jedenfalls die überwiegende Erfahrung lehren. Fälle, in denen wirklich jeder vernünftige Zweifel schweigt, dürften nicht eher häufig vorkommen. Weniger bedenklich wäre es wohl, in derartigen Fällen lieber Bedenken zu haben, sie aber zurückzustellen. Formulierungsbeispiel etwa: »Ansich bestehende schwerste Bedenken stelle ich im gegenwärtigen mir bekannten Stand der Prüfung vorläufig zurück. Eine weitere Sachprüfung behalte ich mir vor und darf anheimgeben, mich weiter zu beteiligen. Auf die Mitfederführung des Bundesministers der Verteidigung weise ich außerhalb meiner Zuständigkeit vorsorglich hin.«

Unsere dritte These dürfte folgende sein:

Bedenken werden geltend gemacht, indem sie erhoben werden. Dies kann im Allgemeinen mündlich, schriftlich oder durch Gesten geschehen.

Dies dürfte eigentlich nicht weiter problematisch erscheinen. Allerdings werden schriftlich erhobene Bedenken im Allgemeinen vorzuziehen sein, da nach wohl allgemeiner Meinung die römisch rechtliche Theorie *quod non est in actis non est in mundo* in die deutsche Praxis der Aktenführung Eingang gefunden hat. Mündlich erhobene Bedenken sind wohl eher ein Sonderfall und zumeist nur dann zu erwägen, wenn sie gerade nicht in die Akten kommen sollen. Sofern die Bedenken Gegenstand einer mündlichen Äußerung waren, wird es sich regelmäßig empfehlen, sie nachträglich schriftlich niederzulegen und sie somit wieder zu schriftlich erhobenen Bedenken zu machen, jedenfalls zu diesen gleichzuachtenden. Gleiches gälte *mutatis mutandis* für die Bedenken, die durch Gesten wie Kopfschütteln, Hauptwiegen, Schulterzucken, abwehrende Handbewegungen etc. erhoben worden sind. Ohnehin werden jene Bedenken ihrem Gehalt in Ansehung ihres Sinngehalts hinter den schriftlichen und erst recht nach den mündlichen Bedenken einzuordnen sein, da über den tatsächlichen Erklärungswert der gestikulierend erhobenen Bedenken Zweifel bestehen werden.

Als vierte These könnte in Betracht kommen:

Ministerielle Bedenken müssen relativ wahr und klar sein.

Hier könnte zur Erläuterung vielleicht angeknüpft werden an die erste These, soweit sie überhaupt einschlägig sein kann und noch nicht durch die vorhergehenden Darlegungen überholt erscheint. Gewiss ist einzuräumen, dass das Ringen um die Wahrheit stets der Kampf um das rein Richtige, um die absolute Wahrheit sein sollte. Im ministeriellen Bereich muss aber gemeinhin auch der Zweck im Recht bedacht werden. Das bedeutet im Allgemeinen: Die materielle Wahrheit an sich ist nicht nur in regelmäßigen Fällen nicht einfach zu erreichen und eventuell auch nicht ohne weiteres das Ziel der Mühen. Es dürfte zutreffen zu sagen: Eine relative Wahrheit, die auch noch das Gegenteil für richtig zu halten gestattet, genügt. Ein ministerielles Bedenken braucht – kann aber – in der Praxis nicht derart klar und deutlich schriftlich erhoben zu werden, dass sein Aussagegehalt auf eine einzige Bedeutung, gleichsam auf Null reduziert werden kann. Es braucht nur so klar zu sein, dass zwei (mindestens!) divergierende Deutungen übrigbleiben, drei sind anzustreben. Es muss möglich bleiben, im Fall der Erweislichkeit der Richtigkeit einer Problemlösung zu sagen, man habe es schon immer gewusst oder man habe schon immer davor gewarnt. Ob dies alles richtig ist, wird man der weiteren Erörterung unter den beteiligten Ressorts, Kommissionen und der Wissenschaft überlassen müssen, soweit dies überhaupt möglich sein könnte.

Unsere Schlussthese laute ungefähr:

Es dürfte sich empfehlen zu erwägen zu prüfen, ob eine Bedenkenpräklusion einzuführen ist.

Hier sei zum Verständnis zunächst zurückgegriffen auf die These, dass Bedenken eigentlich im Grunde wohl nicht selten immer bestehen. Die Folgerung hieraus könnte bei natürlicher Betrachtung sein, dass der Beamte in jedem Fall Bedenken zu erheben habe. Daraus könnte man weiter folgern, dass derjenige, der Bedenken nicht erhebt, zumindest in diesem Sonderfall Bedenken nicht hat. Demnach würde der Satz gelten: *Qui tacet, consentit.* Dies trifft aber nach ganz herrschender Lehre und Meinung gerade nicht zu. Das deutsche gemeine Recht wird ganz überwiegend von dem Grundsatz beherrscht *Qui tacet, consentire videtur.* Jedenfalls beherrscht letzterer Grundsatz die ministerielle Praxis, soweit sie dem Verfasser bekannt geworden ist. Auf der Hand dürfte liegen, dass dieser Satz insofern Probleme aufwerfen kann, als zögerliche Kollegen auch in einem schon weit vorgerückten Stadium der Prüfungen und Erörterungen auf den Gedanken verfallen könnten, verspätete oder schon überwunden geglaubte ministerielle Bedenken erheben zu sollen. Dies hat einen dem Bundesministerium der Justiz angehörenden Oberregierungsrat mit dem vermutlichen Namen Petersen vor vielen Jahren zu dem Vorschlag veranlasst, es solle stets eine Bedenkenpräklusion eingeführt werden. Folgende Ergänzung der Gemeinsamen Geschäftsordnung der Bundesministerien wurde von ihm angeregt:

§ X Bedenkenpräklusion

Tritt der Mangel des Willens, Bedenken nicht erheben zu wollen, nicht erkennbar hervor, so bleibt der Wille, Bedenken nicht erheben zu wollen, außer Betracht.

Über diesen Vorschlag ist, soweit zur Stunde hier bekannt, wohl noch nicht endgültig entschieden. Eine Kommission aus Persönlichkeiten des öffentlichen Lebens hat ihre Prüfungen aufgenommen und will dem Vernehmen nach ihre dritte Sitzung im September des Jahres in Würzburg und die vierte im Juli des nächsten Jahres in Westerland auf Sylt abhalten. Rechtstatsächliche Vergleiche sollen sodann im Januar übernächsten Jahres in Kitzbühl angestellt werden. Schon jetzt hat die Kommission bei ihrer Frühjahrssitzung in Tegernsee einhellig den Vorschlag verworfen hinter die Worte »Bedenken nicht erheben zu wollen« die Worte »bis zum letzten Tag des auf den nächsten Ersten eines Monats mit einem ‚r' in seinem Namen folgenden Vierteljahres« einzufügen. Eine zeitlich begrenzte Bedenkenpräklusion wird es also aller Voraussicht nach kaum geben. Wie die Prüfung letztlich ausgeht, kann zum Zeitpunkt der Niederschrift dieser Skizze mit der erforderlichen Sicherheit nicht gesagt werden. Nach dem bis jetzt bekannten Stand der Erörterungen wird man jedoch davon ausgehen können, dass mit einem Anheimgeben der Erwägung zu rechnen sein wird, ob in einem späteren, rechtstatsächlich besser abgesicherten Stadium und nach Abstimmung mit allen beteiligten Verbänden und Kammern über den Verbesserungsvorschlag des erwähnten und bis dahin wahrscheinlich schon als Ministerialrat pensionierten Oberregierungsrats Petersen ohne jedes Präjudiz in der Sache und *mutatis mutandis* einen Zwischenbericht über den dann erreichten Sachstand eventuell zeitgleich mit dem Erscheinen der 100. Auflage des »Palandt« zu geben sinnvollerweise angezeigt sein könnte bzw. dürfte oder würden sollte.

Literatur- und Quellenverzeichnis

Piltz, Georg (Hrsg.). Friedrich II. Wonach er sich zu richten hat. Urteile und Verfügungen. Eulenspiegel Verlag. ISBN 978-3-359013-64-8

Vom Kriege, 2. Buch, 2. Kapitel
Vom Kriege, 7. Buch, 21. Kapitel

Chef der Heeresleitung, Nr. 250/12/25 H.L. Stab, 5.12.1925

Kommando der Heeresgruppe Mitte, Der Chef des Generalstabes, H.Qu., 28.1.43

Der Inspekteur des Heeres, V A S-TgbNr. 1B 78 /S 1, 6. August 1957

Der Bundesminister für Verteidigung Fü B I 4 Az.: 35-05-12, 30. April 1958

Informationen für die Truppe, Heft 4/1957   .
Auszugsweiser Nachdruck mit freundlicher Genehmigung des Bundesministerium der Verteidigung Presse- und Informationsstab

Führungsakademie der Bundeswehr, September 1964

Luftwaffenamt Amtschef, 27. November 1968

Bundesanzeiger, Jahrgang 40, 6. August 1988, Nummer 145a
Auszugsweiser Nachdruck mit freundlicher Genehmigung der Bundesanzeiger
Verlags GmbH.

Personenverzeichnis

Friedrich II.
* 24. Januar 1712 in Berlin; † 17. August 1786 in Potsdam
Friedrich II. oder Friedrich der Große, volkstümlich der „Alte Fritz" genannt, war ab 1740 König in und ab 1772 König von Preußen.

Carl von Clausewitz
* 1. Juni 1780 in Burg; † 16. November 1831 in Breslau
Carl Philipp Gottlieb von Clausewitz war ein preußischer Generalmajor, Heeresreformer, Militärwissenschaftler und -ethiker.

Hans von Seeckt
* 22. April 1866 in Schleswig; † 27. Dezember 1936 in Berlin
Johannes Friedrich Leopold von Seeckt war ein deutscher Generaloberst und von 1920 bis 1926 Chef der Heeresleitung der Reichswehr.

Otto Wöhler
* 12. Juli 1894 in Großburgwedel; † 5. Februar 1987 in Großburgwedel
Otto Wöhler diente im Heer des Deutschen Kaiserreichs, in der Reichswehr und in der Wehrmacht – zuletzt als General der Infanterie und Oberbefehlshaber der 8. Armee. Wöhler wurde in Nürnberg 1948 zu acht Jahren Gefängnis verurteilt, kam aber schon Januar 1951 wieder frei.

Hans Röttiger
* 16. April 1896 in Hamburg; † 15. April 1960 in Bonn
Hans Röttiger diente im Heer des Deutschen Kaiserreichs, in der Reichswehr und in der Wehrmacht. Von 1956 bis 1960 war Röttiger Soldat der Bundeswehr, wo er maßgeblichen Anteil am Aufbau des Heeres hatte. Zuletzt war Röttiger Inspekteur des Heeres.

Adolf Heusinger

* 4. August 1897 in Holzminden; † 30. November 1982 in Köln

Adolf Bruno Heinrich Ernst Heusinger diente im Heer des Deutschen Kaiserreichs, in der Reichswehr und in der Wehrmacht. Von 1955 bis 1964 war Heusinger schließlich Soldat der neugegründeten Bundeswehr, an deren Aufbau er maßgeblichen Anteil hatte. Nach seiner Verwendung als Generalinspekteur der Bundeswehr war er zuletzt Vorsitzender des NATO-Militärausschusses.

Ulrich de Maizière

* 24. Februar 1912 in Stade; † 26. August 2006 in Bonn

Karl Ernst Ulrich de Maizière diente in der Reichswehr und der Wehrmacht. Von 1951 bis 1955 war er ziviler Mitarbeiter im Amt Blank. Nach der Gründung der Bundeswehr im Mai 1955 wurde de Maizière am 12. November zusammen mit 101 weiteren Freiwilligen vereidigt und im Dienstgrad Oberst als Abteilungsleiter im Bundesministerium für Verteidigung eingesetzt. Nach Verwendungen als Kommandeur der Schule für Innere Führung, der Führungsakademie der Bundeswehr und als Inspekteur des Heeres, war er zuletzt Generalinspekteur der Bundeswehr.

Adolf Hempel

* 26. Januar 1915 in Dürrenbach; † 2. Juni 1971 in Bonn-Bad Godesberg

Adolf Hempel diente in der Luftwaffe der Wehrmacht. Am 2. Mai 1956 trat er in die Luftwaffe der Bundeswehr ein. Nach Verwendungen als Chef des Stabes im Führungsstab der Luftwaffe, Kommandeur der 3. Luftwaffendivision und Stellvertreter des Inspekteurs der Luftwaffe führte er zuletzt das Luftwaffenamt.

Zum Herausgeber

Oberst i.G. Thomas Zimmermann, geboren 1968, trat am 01.07.1987 in die Bundeswehr ein. Nach seinem Informatikstudium durchlief er zum einen Fach- und Führungsverwendungen im Bereich Fernmelde-/IT-Dienst als Zugführer, Einsatzoffizier, Kompaniechef und Bataillonskommandeur.

Zum anderen ist seine Dienstzeit geprägt durch Referentenverwendungen im Leitungsbereich des Bundesministeriums der Verteidigung sowie durch Stabsverwendungen als Referats- und auch Unterabteilungsleiter.

Nehmt eure Sprache ernst! Wer es hier nicht zu dem Gefühl einer heiligen Pflicht bringt, in dem ist auch nicht einmal der Keim für eine höhere Bildung vorhanden. Hier kann sich zeigen, wie weit ihr verwandt mit der Kunst seid, hier in der Behandlung eurer Muttersprache.

Aus den Basler Vorträgen Fr. Nietzsches, 1871/82